10代のうちに知っておきたい

折れない心の作り方

精神科医・医学博士
水島広子

紀伊國屋書店

10代のうちに知っておきたい折れない心の作り方

はじめに

10代は、子どもから大人になる大切な時期です。体も、そして心も、大きく変わっていきます。まわりでも、それまでに経験してこなかったようないろいろなことが起こり、どうしたらよいかわからなくなるときもあるでしょう。

この本では、10代に体験する「イヤな気持ち」の扱《あつか》い方を学ぶことによって、失敗や試練《しれん》に出会っても「折れない心」を育てていただき、みなさんの10代が今よりもすてきなものになるように、そして、大人になってからも自分らしく気持ちよく生きていけるようになることを目指していきます。

今、自分が他人について思っていること、自分について思っていること、そして社会について思っていることは、今までまわりにいた大人たちの影響《えいきょう》を大きく受けているはずです。その中には「その通り」と心から思えるものもあるかもしれませんが、まわりの大人たちの偏《かたよ》った考えを反映したものもあるでしょう。生きづらさをかかえている大人からは、生きづらくなるような考え方を学んできてしまったかもしれません。

誰もがそのように、まわりの大人たちの影響を受けながら大人になっていきます。でも、10代は、「自分」というものを作る時期。周囲の大人から与《あた》えられた考え方や価値観《かちかん》をリセットして、自分らしい考え方や価値観を作っていくチャンスがあるのです。**生きづらさをかかえた大人に育てられたからといって、自分も生きづらい人生を送る必要はありません。**まわりの大人たちに合った考え方でも、自分には合っていないかもしれません。まわりの大人からは学べることだけ学んで、違《ちが》う見方を身につけてもよいのです。それができるようになるのが10代です。ですから、この本からは、「自分らしい人生の見方」をどうやって手に入れるかを知っていただきたいと思います。

10代になると、親との関係もこれまでとは変わってきますし、「自分とは何か」「自分らしさとは何か」といったことに興味をもつようになります。また、友だちとの関係は、それまで以上に自分に影響を与えるようになるでしょう。友だちづきあいは、とても楽しいときもあれば、ひどいストレスを生み出すこともあります。この本では、「自分」「友だち」「大人」という、それぞれのテーマでの悩《なや》みを見ていきます。

この本を書こうと思ったのは、若い大人の人たちから「学校でこういうことを教えてくれていたら、自分の人生はずいぶん変わっただろう」と言われたことがきっかけです。それなら、10代の人に折れにくい心の育て方を知っていただくための本を書いてみようと思いました。

自分のことや人のことをこんなふうに見ることができれば、毎日の質《しつ》も上がるし、大人になってからもずっと生きやすくなる。自分が好きになる。そんなことを目指した本です。

10代の方たち、そして10代のときにはこの本を読めなかった方たちのお役に立つことができれば嬉《うれ》しいです。

10代のうちに知っておきたい折れない心の作り方　目次

第4章 大人や社会とのモヤモヤ

第5章 いろいろな問題をかかえている人へ

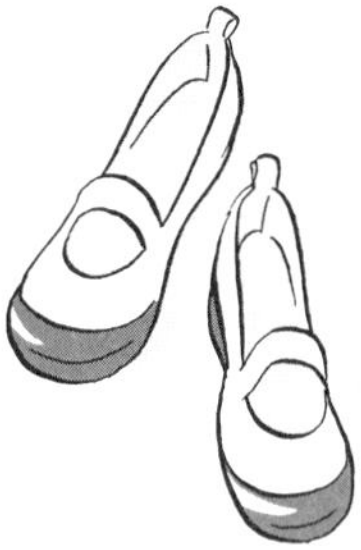

装・挿画　ウラモトユウコ
装丁　木庭貴信＋伊藤蘭（オクターヴ）

第1章

自分らしく生きるための「心の原則」

この章では、折れない心を育てるための土台となる「心の原則」をお話しします。

学校ではなかなか教えてもらえないけれども、「大事な原則」ばかりです。

これを知っているのと知らないのとでは、生きやすさや生きづらさに大きな差が出てきます。

大人でも、ここでお話しする「原則」を知らない人はたくさんいます。だからこそ、大人になってもいろいろなストレスをかかえてしまうのです。「原則」は、シンプルに6つ。この6つの「原則」を知っておけば、自分らしく生きていくことがぐんと楽になります。

原則1
イヤな感情には役割がある

人間は感情的な生き物で、喜び、悲しみ、怒《いか》り、不安、焦《あせ》り、落ちこみなど、さまざまな感情を持っています。もちろん、喜びのようなプラスの感情を感じているときには、嬉しいものです。「ムカつく」「イライラする」「不安でたまらない」というようなときには、気分も悪くなります。

自分の中のマイナスの感情が、イヤでたまらなくなるときもあるでしょう。

「こんなふうに感じるなんて、自分が弱い証拠《しょうこ》だ」などと思う人もいるかもしれません。前向きに生きたいと思って、マイナスの感情をなくさなければ、とがんばっている人もいるのではないでしょうか。

でも、どんな感情にも、きちんとした役割があるのです。

それをわかってもらうために、まずは体の感覚のことを考えてみてください。痛み、熱い、かゆいなど、体にはいろいろな感覚があります。痛みや熱さを感じるのは、もちろんイヤなことです。でも、痛みを感じるからこそ、体に何かよくないことが起こっているとわかるのです。そして、痛みの原因を取り除いたり、治療《ちりょう》したりすることで、結果として体を守ることができます。

「熱い」という感覚もそうです。何かを触《さわ》って「熱い！」と感じるから、手を引っこめるのですよね。もしもそこで熱さを感じなかったら、いつまでも熱いものを触り続けて、やけどをしてしまうでしょう。

こんなふうに、感覚自体はイヤなものだけれど、結果として体を守ってくれるのが、痛みや熱さなどの「イヤな感覚」なのです。

「イヤな感情」についても、まったく同じことが言えます。「怒り」というのは、体が感じる「痛み」と同じようなものです。「ムカつく」ときは、やはり自分にとってよくないことが起こっています。**怒りを感じることによって、その原因を取り除いたり、傷ついた自分の心をケアしたりする必要があると気づくことができるのです。**

「不安」は、「自分の安全が確保されていない」ということを教えてくれる感情。初めての場所に行ったり、初めての人に会ったりしたときに不安を感じるのは、当たり前のことです。知らない場所や知らない人が安全かどうかはわからないからです。初めての場所で不安を感じなかったら、危険な目にあってしまうかもしれないですよね。

そんなふうに、結果として自分を守ってくれる、という点では「イヤな感情」は体の痛みと同じなのです。でも、「イヤな感情」の場合は、「熱い！」と手を引っこめるほどわかりやすくないので、イヤだなと感じながらも何もすることができないでいる人が多いと思います。そして、自分を守るどころか逆の方向に行ってしまうことさえあります。たとえば、怒《おこ》った結果、ますますまわりの人との関係が悪くなることもあるでしょう。あるいは、不安が強すぎて、やりたいことが何もできなくなって、そんな自分がイヤでたまらない、などということもあると思います。

そんなふうにならずに、イヤな感情の本来の効果である「結果として自分を守る」ことができるようになるためには、練習が必要です。

一つは、自分が感じている「イヤな感情」のきっかけが何だったかを、はっきりさせることです。「部活で疲《つか》れているのに、親が『勉強しろ』ばかり言うから」「友だちと最近うまくいっていないから」「将来について考えていたとき」など、何がきっかけでイヤな感情が起こってきたのかを考える習慣をつけるようにすると、「自分を守るためにどうしたらよいのか」がわかりやすくなります。

また、ただモヤモヤとしてイヤな気持ち、というところから、「自分は怒っているんだな」「自分は不安なんだな」ということに気づけるようになることも、とても役に立ちます。それがわかれば、それぞれの感情の役割に合わせて、何をしたらよいのかがわかるようになるでしょう。感じているのは一種類の感情だけではなく、「不安があって、それが怒りにつながっているんだな」ということもあるかもしれませんね。

まずは、何がきっかけで自分がイヤなモヤモヤをかかえることになったのかをはっきりさせるところから始めてみましょう。そうやって自分を注意深く観察《かんさつ》する練習をしていくと、「自分はいつもネガティブ（後ろ向き）」と自分を嫌《きら》いになるのではなく、「自分がネガティブになるのには、きっかけがあるんだな」ということに気づけるようになるはずです。

自分を嫌いにならずにすむということは、最も「自分を守る」ことにつながります。なぜなら、「自分が嫌い」と思うことは自分自身を傷つけてしまうからです。

つまり、感情は「使いよう」なのです。上手な「感情の使い手」になることができれば、人生の質がぐんと上がります。ただモヤモヤと「イヤな感情」をかかえたままにするのでは、10代という大事な時期がもったいないし、自分も辛《つら》いだけです。でも、「イヤな感情」の本来の役割である、「自分にとってよくないことが起こっていると気づき、結果として自分を守る」という形で活用できるようになると、ストレスを減らすこともできますし、人からも助けてもらいやすくなるでしょう。

この本は、10代のみなさんに「感情を上手に扱える」ようになっていただくことを目指しています。

原則2 怒《おこ》っている人は「困っている人」

人から怒られたり、いろいろとうるさく注意やアドバイスをされたりするのは、イヤなものですよね。頭にきたり、傷ついてしまったりすると思います。

親が口うるさいタイプだったから、今さら傷ついたりしない、そんなのは自分にとっては「当たり前のこと」だ、という人もいるかもしれません。でも、人から怒られたり、うるさく注意やアドバイスをされたりすることは、本来は「イヤ」と感じて当然なことです。

さて、これは誰《だれ》についても言えることなのですが、怒っている人というのは「困っている人」です。相手の言い分がどれほど正当であるように聞こえても、現に怒っている以上、その人は困っていると考えて間違《まちが》いありません。ものごとが自分にとってスムーズに進んでいれば、腹を立てたりはしないからです。何か自分にとって困る状況《じょうきょう》にあるからこそ、怒るのです。

困っていないのに怒る人などいません。「お前がだらしないせいで」「あなたが弱いから」などと、さもこちらが悪いかのように怒ってくるときも、その人が困っているという点では同じです。「あなたのせいで!」と言うことは、実は「困っているから何とかして!」という悲鳴なのです。

もちろん、教育のためにあえて厳しいことを言う人もいるでしょう。でも本当に教育的に厳しく叱《しか》る人は、感情的になったりはしないものです。まして人格《じんかく》を否定《ひてい》するような言い方をするようなことは、絶対にありません。

怒っている人は「困っている人」というのは、自分についても言えることとです。「ムカつく」と思うときには、自分が何か困ったことになっているのです。

「困ったこと」には、いろいろなものが含《ふく》まれます。たとえば、「こんなふうになるはずじゃなかったのに……」と思うようなことが起こった場合というのは、まさに典型的《てんけいてき》な「困ったこと」です。

誰かのせいで急に予定が変わることになったり、うまくいくと思っていたことがうまくいかなくなったりすると、「こんなはずではなかったのに……」と怒りを感じる、というのはわかりますね。でも、たとえば「ある人の顔を見ただけでムカつく、というような場合はどうなの？」と疑問を感じるかもしれません。その場合も、ある人の顔を見ると不愉快《ふゆかい》な感情が起こり、普段《ふだん》の自分でいられなくなる、という意味では「困っている」と言えるでしょう。

うるさくアドバイスしてくる人については、どうでしょうか。アドバイスをしてくるというのは、「現状はよくないからこう変えたら？」と言っているのと同じです。ですから、うるさくアドバイスや注意をしてくる人は、「現状はよくない」ということを強く感じているのです。そういう意味でもやはり、現状が思い通りになっていない、「困っている人」と言うことができます。

こちらのことについてアドバイスしてきているのだから、その人自身が困っているのとは違うのでは？　と思うかもしれませんが、そんなことはありません。原則3でお話ししますが、人にはそれぞれの事情があるものです。相手の事情を考えてみようともせずに、勝手にずかずか踏《ふ》みこんできて変えようとする人は、かなりルール違反《いはん》なことをしているのです。そして、なぜそんなことをするのかと言うと、「現状が我慢できないから」。「相手がかわいそうすぎてとても見ていられない」「進歩がなさすぎて耐えられない」という形で「困っている」ので、相手を変えようとして、本来立ち入ってはいけない相手の領域《りょういき》に踏みこんでうるさく言ってしまっているのです。

本当は、「このことでこんなに困っているから、助けてください」と言ってくれれば、ずっと話は簡単で平和なのです。「困っているから助けて」と言われれば、こちらも余裕《よゆう》を持って対応できるでしょう。たとえば同じ成績のことだって、「遊んでばかりいるから！」「こんな成績で受験はどうするの⁉」と怒られるよりも、「どうすれば成績がよくなると思う？」と言われたほうが、自分でも考えてみよう、と思うのではないでしょうか。

どうしてそういうふうに言えずに、さもこちらが悪いかのように責めてくるのかと言えば、「困っているから助けて」と言うことは、ちょっとした勇気を必要とするからです。大人同士でもそうですが、特に相手が自分よりも目下の子どもだと思うと、なかなか謙虚《けんきょ》になれない大人が多いのでしょう。本当は堂々と「困っているから助けて」と言える大人のほうがカッコいいと思いますが、なかなかその勇気が出せない人はとても多いのです。

「困っているから助けて」と言えずに怒ったりうるさく言ってきたりするので、ついついこちらも「どうせ自分が悪いのだ」と傷ついて投げやりになってしまったり、自分を守りに入ったり反撃《はんげき》したりしてしまいがちになります。

「怒っている人」や「うるさくアドバイスしてくる人」、「やたらに注意してくる人」を、「要するに困っているんだな」と見ることで、世界はずいぶん違って見えてきます。

原則3
人にはそれぞれの事情がある

親などから「人は○○であるべき」とか「こんなことをして、人からどう思われるか」といったことをたくさん言われて育ってきた人は、「人間」というものには一定の望ましい姿があって、それを満たしていない人は、出来損《できそこ》ないであるかのような印象を持ってしまいがちです。そしてそのように育てられた人の多くが、自分もその「出来損ない」の一人であると思っています。

でも、知っておいていただきたいのは、「出来損ない」の人などいないということ。そして、びっくりするかもしれませんが、**「どんな人でも、そのときにできるだけのことはやっている」**ということです。

どういうことか、ご説明しましょう。

人はそれぞれ、生まれ持ったものが違います。オリンピックに出るような人は、普通《ふつう》の人よりも高い運動能力を生まれつき持っていますし、ノーベル賞をとるような科学者は、本人の努力はもちろんですが、やはり生まれつき、普通の人よりも高い知的能力を持っています。何を持って生まれるかを、自分で選ぶことはできません。

他にも、生まれつきのものとして、性格や体質や体型などがあります。

生まれつきのものは絶対に変わらないわけではなく、後天的な環境《かんきょう》や努力などの影響を受けて変化していきますが、ガラリと変わることはほとんどなく、もともと持って生まれた特徴《とくちょう》はずっと残っていきます。

性格の中でも「好奇心《こうきしん》が強い」とか「心配性」などは、生まれつきかなりの程度が決まっていて、「好奇心が強い人」を「好奇心が弱い人」に変えることはできませんし、その逆もできません。では自分でできることは何かと言うと、「そんな自分をどうとらえるか」というところです。

好奇心が強い人は、だいたいの場合、「思いついたらすぐに行動したくなる」とか、「飽《あ》きっぽい」という特徴も持っています。ですから、興味を持つと、深《ふか》く考えずにパッと大事なことを決めてしまったりします。あるいは、好奇心にまかせてすぐに手を出すけれども、すぐに飽きてしまったりします。

自分がそういう性格を持っているということを知ったうえで、プラスに生かしたり（好奇心と行動力を生かして、おもしろそうなことはやってみる、など）、できるだけマイナスを避《さ》けたりするための方法（重要なことについてはその場で判断をせずに、一晩寝《ね》かせてみたり、誰かに相談したりしてからする、など）を考え出したりすることができるようになると、だんだんと「自分はこれでいいんだ」と思えるようになるでしょう。

逆に、自分のことを「飽きっぽい」「何をやっても長続きしない」という目で見てしまうと、そんな自分が嫌いになってしまい、とても「自分はこれでいいんだ」とは思えなくなってしまいます。

どんな能力や容姿を持って生まれるかは自分では選べませんし、どういう環境で、どういう人に育てられるかも、自分で選ぶことはできません。入学した学校にどういう友だちがいるか、どんな人が担任の先生になるか、ということも自分では選べません。

こんなふうに、自分で選べないものは案外たくさんあって、どんな人もその影響をかなり強く受けてきているものなのです。

ですから、ある人を見て、「イヤな人だな」と思ったとしても、その人は好きこのんでイヤな人になったわけではない、ということだけは覚えておきましょう。

その人と同じ条件で生まれて同じ条件で育てば、自分も同じようになっていた可

能性は高いのです。

たとえば、過去にひどい虐待《ぎゃくたい》やいじめを受けたことのある人は、人間全般《ぜんぱん》に対して警戒《けいかい》するようになります。こちらが親切で言っているのに、ひねくれて受け取ったりします。それを見て、「イヤな人だな」と感じるのは仕方がないとしても、「この人がこういうふうになったのは、何か事情があるんだろうな」と考える習慣をつけると、ただただ「イヤな人だな」とストレスをため続けないですみます。

また、特に思い当たることもないのにイヤな態度を取られたときも、単に「自分が嫌われてしまった」と落ちこむのではなく、「こんなにイヤな態度をとるなんて、よほど事情があるんだろうな」と考えるようにすると、自分が傷つかずにすみます。

何の理由もなくイヤな行動をとる人などいません。

自分についても同じです。自分にも自分の事情があります。**たとえ他人から見**

てそう見えないとしても、自分が置かれた状況の中でできることはすべてやっているし、できないことにはなんらかの理由があるのです。「やる気にならない」という場合であっても、自分に「怠《なま》け者」というレッテルを貼《は》る必要はありません。自分がやる気にならない理由が何かあるはずで、それは何だろう、と考えてみたほうがずっと生産的だからです。

原則4
自信をなくしたときは「衝撃《しょうげき》」をさがそう

ここでお話しすることは、あまり知られていませんが、大事なことです。人は、思わぬときにショック（衝撃）を受けると、同じような反応をします。

たとえば、人前で話すときに、緊張《きんちょう》のあまりしどろもどろの発表になってしまい、ショックを受けたとします。すると、人前で話すことを怖《こわ》いと思うようになると同時に、自分はダメな人間だという感覚を強く持つようになります。つまり、自信を失ってしまうのです。今までは特に気にしていなかったような自分のいろいろな欠点が、急に目についてきたりもするでしょう。

これは、「失敗したから自信がなくなった」というような単純《たんじゅん》な話ではありません。

このような反応は、もともと自分を守るために人間に備わった能力なのです。自分にとってよくないことが起こってショックを受けると、人間の体と心は、「もう傷つかないようにしよう」というモードに入ります。人前で話したためにショックを受けたのだから、二度とショックを受けないですむように、「人前で話す」という機会を避けるようになり、どうしても話さなければならないときは「怖い」と感じ、人の顔色が過剰《かじょう》に気になるようになるのです。

また、自分に落ち度があったためにショックを受けたのですから、自分の「ダメなところ探し」を始めます。自分を完璧《かんぺき》にしておけば今後傷つくことはなくなると思うからです。

もちろん人間は完璧になどなれませんから、無理に完璧になろうとしても、「ここもダメ」「あそこもダメ」と欠点ばかりを見つけることになってしまいます。自分がダメなところだらけに感じられて、自信をなくしてしまうのです。

多くの人が、この状態を引きずってしまいます。つまり、「自信がない」という気持ちを積み重ねていってしまうのです。そして、今までの自分を後悔《こうかい》したり、将来の自分を考えて悲観的《ひかんてき》になったりもします。

でも、このような感じ方は、「衝撃」を受けたときには誰にでも起こるもので、じっとしていると時が解決してくれる、ということを知っておけば、自己嫌悪《じこけんお》や絶望といった「深掘《ふかぼ》り」をしないですみます。

たとえば、肘《ひじ》をどこかにぶつけると「ジーン」という、何とも言えない痛みを感じますよね。とてもイヤな痛みですが、しばらくたつと何ともなくなります。

「衝撃」を受けたときに感じる「怖い」「自信がない」という気持ちは、実は、この「ジーン」という痛みと同じなのです。しばらく我慢《がまん》すれば、いつかは去ってくれます。でも、そこを「今までの自分の全部が間違っていた」「こんなダメな自分は、ちゃんと生きていけるのだろうか」などと「深掘り」してしまうと、どんどんこじらせてしまうことになります。

ですから、**「衝撃」を受けたな、と思ったら、ただじっとしていればよいのです。**できれば、信頼できる相手に、「こんなショックなことがあったんだ」と話して慰《なぐさ》めてもらえれば、早く回復できるはずです。

衝撃はさまざまな形でやってきますが、一番ショックを受けやすいのは、予期していないときに目に飛びこんでくる、視覚的《しかくてき》な情報です。そういう意味では、ＬＩＮＥ《ライン》やＦａｃｅｂｏｏｋ《フェイスブック》などのＳＮＳをはじめ、ネットはとても衝撃を与えやすいものなのです。ある日、何の気なしに見た画面に、自分の悪口が載《の》っている……これが一番ショックでしょう。

ですから、衝撃に敏感《びんかん》な人は、できるだけＳＮＳを避けるほうがよいのですが、少なくとも、**「ＬＩＮＥなどのＳＮＳから受ける衝撃は、実際に受けるはずの衝**

撃より大きい」ということだけは覚えておいてください。

原則5
決めつけられても決めつけない

大人にも子どもにも、いろいろと決めつけてくる人がいますね。原則3の「人にはそれぞれの事情がある」ということがわかっていない人です。

こちらはそんなつもりでやったわけではないのに、「どうせ自分のことしか考えていないのだろう」などと一方的に決めつけてくる。真面目にやろうとしているのに、「どうせ若いからいいかげんにやるだろう」と決めつけてくる。そんな人と接すると、不愉快になりますよね。「頭ごなしに決めつけるな！」とキレてしまうこともあるかもしれません。

そもそも、なぜ人は決めつけるのでしょうか。

もちろん、誰にでも「思いこみ」や「先入観」はあるでしょう。それまで経験したことに基づいて、ものごとを見てしまいがちなのは仕方ないと思います。でも、「もしかしたら勘違《かんちが》いかもしれない」「どういうことなのか、まずは話を聴《き》いてみよう」などと考えられる人は、いきなり決めつけたりしません。つまり、決めつける人というのは、そうやって一度立ち止まって考えてみる余裕もない人、ということなのです。原則2で見た通り、イヤな行動をする人は「困っている人」ということです。

決めつけてくる人に対して反抗的《はんこうてき》な態度をとると、もともと余裕がない相手をさらに追いつめるようなことになってしまいますから、「やっぱり若い人は」といった決めつけがさらに強くなってしまい、「決めつけないでほしい」というこちらの希望とは逆の方向に行ってしまいます。

決めつけてくる人に対して、できるだけ穏《おだ》やかな心で接するために一番よいのは、こちらからは「決めつけないこと」です。たとえば、相手が「どうせ若いからいいかげんにやるだろう」と決めつけてきたときに、「勝手に決めつけるな！」と言うこと自体が、実は相手に対する決めつけになってしまっています。「どうせ若いから……」と思いこんでいる相手にとっては、それもまた「事実」と感じられているはずだからです。そこに、違う意見を強く言われると、「自分よりものを知らないヤツから、『勝手に決めつけた』と決めつけられた」ということになってしまうのです。

そして、「やっぱり若い人は……」と、さらに決めつけが強まってしまうかもしれません。

一番効果的なのは、「決めつけ」の連鎖《れんさ》を断つこと。そのためには、「穏やかに返事をする」というのが、最もよい方法です。たとえば、「どうせ若いからいいかげんにやるだろう」と決めつけられたら、「ああ、そう思うんですね」と答える。「あなたはいつも途中《とちゅう》で投げだすから」と決めつけられたら、「ああ、そう思うんだ」と答える。

それですむ状況なら、それですませれば十分です。「相手はそう思っている」ということだけを受けとめれば、自分がそれを認めたということにはなりません。ただ、「相手はそう思っている」という事実だけを確認するのです。この時点では、言われたことを否定も肯定《こうてい》もしていません。

自分の意見を言う必要があるとしたら、その後にしましょう。「そう見えるかもしれないけれど、自分なりに若い人にアピールするやり方を考えたつもりなので、少し見守っていてください」という感じで相手をイラ立たせないように言えば、相手の心にも届きやすいでしょう。**自分の気持ちを受け入れてもらえた、というタイミングで穏やかに言われたことは、案外すんなり心に入ってくるものなのです。**

原則6
「自分」を主語にして話す

原則3や原則5とも関連するのですが、**人にはそれぞれ、他人にはわからない事情があって、それについて何かを決めつけられると頭に来たり傷ついたりします。**

別に決めつけているつもりはないのに、結果として決めつけたことになり相手を不愉快な思いにさせてしまう、という人もいると思います。そんなときには、相手が不快さを顔に出さなくても、知らず知らずのうちに距離《きょり》をおかれてしまうこともあります。

では、決めつけない話し方というのはどういうものなのでしょうか。自分にしかわからない「自分の事情」を「自分の領域」、相手にしかわからない「相手の事情」を「相手の領域」と考えれば、決めつけない話し方というのは、「自分の領域」の中だけで話す話し方、ということになります。

たとえば、**「あなたって意外と気が強いよね」というような言い方は、多くの場合人を傷つけます。**それは、「相手の領域」に踏みこむことになるので、「余計なお世話」なのです。

でも、「(私は)あなたと話していると楽しい」「(私は)体型のことを言われると泣きたくなる」などと、あくまでも「私」を主語にして話している限り、相手は「自分の領域」を守る必要はありませんから、その人なりに優しくしてくれるはずです。

自分の領域を侵害《しんがい》されずに「困っているからお願い」と頼《たの》まれれば、ほとんどの人が、できるだけ役に立とうとしてくれます。『私』を主語にして頼んでいるのに、言うことを聞いてくれない！」というようなケースでは、多くの場合、一見「私」が主語のように見えるけれど、実は相手について決めつけています。たとえば、「私、あなたのこういうやり方がイヤなの」のように相手を決めつける言い方になっていては意味がありません。「あなたにも事情はあると思うけれど、あなたが私に何の相談もなく部活のことを決めると、私は自分が必要とされていない感じがして悲しくなるの。何かを決める前に私にも意見を聞いてくれるとすごく助かるんだけど」と言ったほうが、相手が変わってくれる可能性はずっと高くなるでしょう。

これは実は原則2の裏返しです。原則2では、「怒っている人は困っている人」ということを学びましたが、自分が困っている場合も、それを「怒っている」ととられてしまうと、相手の反発を招き、トラブルの元になります。でも、困っているのであれば「困っている」と素直に伝えることで、相手の親切な気持ちを引き出すことができるのです。

次の章からは、6つの原則が具体的な場面でどのように使えるかを見ていきましょう。

第2章

自分についてのモヤモヤ

10代は、「自分」に目が向く時期です。これは、10代が、自分の価値観や人間関係を作っていく時期であることを考えれば、当然のことだと言えます。自分は社会に出てやっていけるのだろうか、というようなことも真剣《しんけん》に考えるようになります。

また、10代には急激な体の変化が起こります。簡単に言えば、「子どもの体」から「大人の体」に変わってくるのです。その過程では、自分にとってイヤな変化、恥《は》ずかしい変化、どう対処したらよいかわからない変化もあるでしょう。

子ども時代にはほとんど「他人の目」を気にしていなかった、という人でも、この時期には人目が気になることが増えます。

さらに、大人の社会で起こっているさまざまな事件や不祥事《ふしょうじ》などのニュースを見ていると、大人になることに希望が持てないなど、「将来自分は大丈夫《だいじょうぶ》なんだろうか」という不安がかつてなく強まっているように思います。

この章では、こんな時代に生きる10代の、自分自身についてのモヤモヤを見ていきましょう。

他人と自分を比べてしまう

自分を人と比較《ひかく》してしまうクセがある。話のおもしろい友だちや、スタイルがいい人を見ると、自分と比べて落ちこんでしまう。

「人と比較する」という習慣は、まわりの大人の影響ですりこまれることもあれば、自信がないために自然に身についてしまうこともあります。しかし、**人と自分を比較して得られることは何もありません。**憧《あこが》れる誰かのようになりたい、という気持ちはやる気につながりますが、これは「目標を持つ」ということであり、

「比較する」こととは違います。成績にしても顔やスタイルにしても、自分より優れている人と比較すると落ちこみますし、自分よりも劣《おと》っている人と比較したとしても、優越感《ゆうえつかん》を持てるのは、自分より優れた人が現れるまでの短い期間だけです。

人と比べて得られる安心や満足などは、本当につかの間のもので、インチキなのです。

人にはそれぞれの事情があります（原則3）。そして、話のおもしろさや体型は、かなりの程度が先天的に決まっているものです。

生まれつき話のおもしろい人やスタイルのよい人と比較しても落ちこんでしまいますし、自信がなくなるのも当たり前のことです。それよりも、自分が生まれ持ったものや、ここまで努力してきたことをどうやって自分なりに大切にしていくかが重要です。

私がよく使う言葉に、**「縦の比較」**と**「横の比較」**があります。「横の比較」というのは、他人との比較。つまり、おもしろい友だちやスタイルのよい人との比較は「横の比較」です。「横の比較」は、多くの場合自分に劣等感《れっとうかん》を植えつけますし、仮にあるとき自分が勝っていると感じても、もっと優れた人が出てきたらそれで終わりです。

一方「縦の比較」というのは、一年前と比べて自分はどれだけ進歩しただろう、というように、自分を時間軸《じかんじく》で見てみる比較のことです。「横の比較」で自信がぐらついたときには、「人見知りが強くて前は人と挨拶《あいさつ》もできなかったけれど、今はできるようになった」「前はこういうときにイライラしたものだけれど、今は気にならなくなった」など、「縦の比較」で自分を見てみましょう。もしも病気や怪我《けが》などで一時的にマイナスの変化をしているように見えても、「病気をかかえながらもがんばっている」「怪我をした人の気持ちがわかるようになった」など、何かしらのプラスの変化は拾えるはずです。

人と比べて劣等感を持ったときに、自分のよいところを探そう、というやり方もありますが、それでも結局、「でも、もっとすぐれた人がいる」と、すぐ劣等感が勝ってしまいます。でも、「縦の比較」、つまり自分自身の成長を見るようにすれば、それまで自分なりに努力してきた成果を何かしら見つけることができると思います。

自信を持てるようなものが何もない

スタイルのよい人や頭のよい人、堂々と自己主張できる人が羨《うらや》ましい。自信を持ちたいと思うけれど、自信が持てるようなものが何もない。自信のない自分が嫌い。どうすれば自信が持てるのか、わからない。

「自信を持ちたい」と思っている人は多いと思います。その中には、「スタイルさえよくなれば」とダイエットしたり、「おしゃれにさえなれれば」とファッション雑誌ばかり読んだりしている人もいるかもしれません。

でも、「○○さえすれば自信がつくはず」という考え方は、一見もっともらしく見えますが、実は現在の自分を否定することで人生をスカスカにしてしまい、いろいろな病気にもつながりかねない、とても危険な思いこみです。たとえば、「やせれば自信がつくはず」と思っていると、拒食症《きょしょくしょう》などになるリスクがあるだけでなく、今の「やせていない」自分を好きになることはできませんし、「今はやせていないから」と、いろいろなことに消極的になってしまいます。そんなふうに、「今」を生きることができないでいると、どんどん自信がなくなってしまうのです。

なぜなら、**「成果」（やせている）よりも「生き方」（今、どんなふうに生きているか）のほうが自信につながる**からです。たしかに「成果」は一見自信をくれるように見えますが、そんな「自信」は折れやすいですし、自分以上の「成果」を持つ人の登場に常に怯《おび》えていなければなりません。

でも、「自分に対しても他人に対しても誠実に生きていこう」とか、「他人を決めつけず、人にはそれぞれの事情があることを忘れずに生きていこう」という「生き方」は、簡単に折れることはありませんし、折れたような気がしてもまた立て直すことができます。

そんな目に見えない「生き方」など、他人は認めてくれない、と思うでしょうか。もしそう思うとしたら、まだ本当の自信を知らない証拠です。「人がすごいと認めてくれる」のは単なる他人からの「承認」であって、自信とは関係ありません。他人の目に左右されますし、不安定です。

もちろん他人が自信を与えてくれることもあります。それは、「君はそのままでいいんだよ」とありのままを無条件に肯定してくれたとき。「○○ができてすごいね」というタイプのメッセージは、前項《ぜんこう》でお話しした「横の比較」につながるだけで、決して本当の自信はもたらさないのです。

自分を好きになるために、「自分の◯◯なところが好き」などと長所を探そうとする人もいますが、自分を好きだと思うというのは、ありのままの自分でいい、と思えること。「成果」という意味では足りないところがあったり、まだまだこれから努力が必要なところがあったりしても、「まあ、今はこれでいい」と思えれば、自分を愛《いと》おしく感じることができると思います。

「今はこれでいい」はとても役に立つ呪文《じゅもん》です。たとえば、人目を気にしないで堂々としている人を見ると、「自信があって羨ましい」と思うことがありますね。そんなとき、「どうして自分はこんなに弱いんだろう」と思ってしまうかもしれませんが、そうするとますます自分がダメに思えて、自信がなくなるものです。それよりも、「いつか自分もあんなふうになりたいな」と目標を決めたら、「でも、今はこれでいい。だんだんと、あんなふうになっていこう」と思うことができれば、自分を嫌いにならずにすむと思います。

また、留学など、自分がいつかやりたいと思っていることを誰かが先に実現したというようなときには、嫉妬《しっと》してしまったりヘコんでしまったりするかもしれません。でも、それは原則4（自信をなくしたときは「衝撃」をさがそう）で見た通り、「衝撃」への自然な反応なのです。

自分がこのタイミングで留学できないことには、それなりの事情があるのです。「自分の事情を考えれば、今はこれでいい。でもいずれは留学したいな」と思うことで、自分を立て直すことができるでしょう。

やりたいことがわからない

やりたいことを見つけよう、と言われるけれど、自分のやりたいことがよくわからない。こんなことでは、自分らしい人生が生きられないのではないかと不安。

有名な人や社会的に成功した人の中には、学生時代からやりたいことがはっきりしていて、それを追求した、という人もいますから、自分のやりたいことをして生きていきたい、と思っている人は多いと思います。「好きを仕事にしよう」などというフレーズもよく聞きます。実際、やりたいことをして生きるというのはすてきなことですね。

そうは言っても、自分が何をしたいのかわからない、という人もたくさんいるはずです。「何をしたいかわからない」ことは、進路を決めるときや、進学、就職、というタイミングのたびに自分を悩ませます。

でも実は、多くの大人が自分の人生を振り返ったとき、10代には自分のやりたいことなどわかっていなかった、と認めています（私自身もそうでした）。進学や就職のタイミングを考えれば、18歳《さい》までには自分の進路が決まっているべきであるかのように思えますが、**そんなに若くて社会経験が少ないときに、自分が本当にやりたいことなど見えていないほうが普通**だと思います。

そんな人は（むしろそのほうが多数派だと思いますが）、「やりたいことを見つけてがんばる」という生き方をするよりも、**「その時々に一番自然と思えることをしながら、だんだんと自分の向き・不向きは何かを見つけていこう」**という生き方をしたほうがよいかもしれません。「自然なこと」としては、たとえば、身の

まわりの多くが進学するのなら自分も進学してみる、家庭の経済的事情により難しければ就職する、どの分野が自分にとって「自然」なのかわからなかったら、最も「イヤでないところ」や「やりやすそうなところ」にしておく、というくらいに、ある程度「流される決め方」をしてもよいと思います。

そして、年齢《ねんれい》を重ねて社会経験を積むうちに、軌道《きどう》修正したければする、そのままの道を歩みながら、それをできるだけ自分らしいやり方でできるようにしていく、急にチャンスが訪《おとず》れたら乗ってみる、など、やはりその時々に「自然」と思えることを選んでいくのです。

前の項で、自信についてお話ししましたが、結局のところ、人は、「何をやったか」よりも「どのようにやったか」によって人生への満足度が決まるのだと思います。めざましい業績《ぎょうせき》を上げたとか、ものすごくお金を稼《かせ》いだ、というようなな「成果」よりも、いつも誠実に仕事に取り組んでいる、関わる相手をいつも大切にしている、というような姿勢のほうが、深く揺《ゆ》るぎない自信や折れない心、そして人生への満足度につながるのです。ですから、「やりたいことが見つからない！」と焦らず、「とにかくできることからやっていこう」という姿勢でいたほうが、心の安定も得られるはずです。

失敗が怖い

自分に自信がないので、授業などで発表する役割を与えられたりすると、うまくできないかもしれないと心配。失敗したらみんなにダメな奴《やつ》だと思われるのではないかと不安になる。

人前で何かをするのは、どんな人であっても緊張するものです。うまくいくこともあれば失敗することもあり、成功すると決まっているわけではありませんから、不安になりますよね。

もし、授業で与えられた役割がうまくできなかったからといってひどくバカにしたり離れていったりするような人がいたとしたら、その人自身がよほど困った事情をかかえているのでしょう。

「失敗したらみんなにダメなやつだと思われてしまう」と思いこんでいるとき、そこにある構図は「自分 vs 採点者であるみんな」という対立した関係に見えてしまいますが、どんな場合であっても、そこにいるのは自分と同じ人間なのです。もしも失敗してしまったとしても、「緊張して失敗しちゃいました」と言えば、場の雰囲気《ふんいき》もゆるむでしょう。ほとんどの人が、「ああ、人前で緊張するのは誰でも同じなんだな」と思って、温かく励《はげ》ましてくれると思います。

むしろ、**一人の世界にとじこもって、「ちゃんとやらなくちゃ」と緊張していると、まわりに支えてくれる人がいると気づくこともできなくなって、まわりからも「なんだか一人で空回《からまわ》りしている人」に見えてしまうかもしれません。**

これは、相手が先生であっても同じです。人前で何かをするときに緊張することくらい、先生もわかっています。ですから、「どうしよう、失敗してしまった……」と悩むよりも、「すみません、緊張して失敗してしまったので、もう一度やり直してもいいですか？」と聞いてみたりすれば、「自分を客観視して冷静でいられる」「危機に強い」「柔軟性《じゅうなんせい》がある」などと逆に評価が高くなるかもしれません。仮にそのときの採点は悪くなってしまうとしても、コミュニケーション能力が高いと見てもらえるかもしれないので、自信を失う必要はありません。

こんなふうに、「もしも失敗しても、対人関係のスキルを磨《みが》くきっかけにできるかもしれない」と考えれば、ある程度安心することができますので、不安も減るでしょう。

陰《かげ》口《ぐち》が気になる

部活のリーダーとして精一杯《せいいっぱい》取り組んでいるが、陰で悪口を言われていないか、気になって仕方がない。

そもそも、陰口というのは、悪口の対象について言われているように聞こえますが、実際は違います。ただ、自分の不満を言っているだけなのです。本当に部の方針を変えたいと思っているなら、ミーティングなどで堂々と言うしかないのですが、そうしないで陰口を選んでいるという時点で、単に自分の不満を発散しているということがわかります。その多くが、「本当は私のほうが実力があるのに」「本当は私のほうがリーダーにふさわしいのに」などといった、満たされない自己愛の歪《ゆが》んだ表現なのだと思います。**陰口を言いがちな人は、内心「本当は自分のほうがすごい」と思っていることが多い**のですが、それを堂々と言ってしまった場合、「え？　そんなこと思っているの？」と言われるのが怖いので、自分が傷つかないように、不満を「正論」であるかのように言うのです。

「私は○○が気に入らない」と言わずに、「みんな○○と言っている」という言い方をする人もよくいますが、あれも陰口みたいなものです。「自分」の意見を堂々と言うだけの自信がないので「みんな」にしてしまっているからです。もしも「私は○○が気に入らない」と言うと、「えー、その考え方はおかしいんじゃない？」と反対されるリスクがありますから、「みんな○○と言っている」と自分を安全な場所に置くことで、自分が攻撃《こうげき》されないようにしているのです。「みんな○○と言っている」であれば、もしも相手が「えー、その考え方はおかしい

んじゃない？」と言ってきた場合も、「うん、私もみんなの考えには賛成できないんだけどね」と逃《に》げることができるからです。

部活などで何かを任されたという場合、もちろん、みんなの意見を聞いて方針をよりよいものにしていくのは、必要なことでしょう。そのために意見を聞く場を定期的に作るのもよいと思います。そこで出た発言については積極的に話し合い、できるだけ取り入れるとよいでしょう。意見を聞いてもらえることで、みんなの参加意欲も高まり、リーダーの自分を支えてもらえるようになるはずです。

自分が責任を持てるのは、そこまでです。

あとはどれほど陰口を言われようと、それは「相手の問題」。堂々と自分の意見を言えない「自信のない人」が、どこかで自分の不満を発散させているだけです。ですから、こちらの問題ではありません。

どんなに努力して、みんなに気をつかったとしても、陰口を言う人をゼロにはできません。自分自身のストレスを「陰口」という形でしか発散できない人がいるからです。それぞれの人にストレス解消法があって、その人にとっては「陰口」がストレス解消法なのです。もちろん、陰口では本当の意味でストレスが解消されることなどありませんが。

陰口を気にしすぎてしまうと、そのような「相手の問題」に巻きこまれることになります。でも、これはもはや自分とは関係のない話です。病気の人を医者の力も借りずに治すことができないように、自分だけの力であらゆる陰口をなくすことなどできない、と割り切ったほうがよいでしょう。

将来が不安

将来が不安。ずっとスポーツ一筋でやってきて他のことをまったく知らないので、違う分野の職業につけるのかが心配で仕方がない。スポーツのときは「頑張《がんば》れば大丈夫」「よし、やってやろう」と強気になれたのに。

スポーツや芸術など、小さいころから特別な分野を真剣に極めてきた人が、いざ社会に出るということを考えたときに、何らかの事情のためにどうしても進路を変えなければならないことは少なくありません。

この方も、本当は社会に出てからもそのスポーツの領域で活躍《かつやく》できればよいのでしょうが、現実的に考えた結果、違う分野で就職する、という結論になったのでしょう。

このような人は、客観的に見れば、スポーツに打ちこめるだけの根性があるのだからどこででもやっていける、と言ってあげたくなるのですが、本人にとっては「とても大きな変化を体験する」ことも事実です。

環境が変化するとき、人間はだいたい同じような感じ方をします。もともとやっていたことについて、「うまくできていた」「充実《じゅうじつ》していた」「幸せだった」といったように感じると同時に、新しくやることには「大丈夫だろうか」「うまくやっていけるか自信がない」「強気になれない」などと不安を感じるのです。

この方も、まさにそう感じているようです。考えてみれば、経験したことがない新しい世界に入っていくのですから、「自分の安全が確保されていない！」と知らせる感情である「不安」を感じるのは当然ですね。

変化のときのこのような感じ方は、いわゆる「ポジティブな変化」の場合でも同じです。たとえば、結婚《けっこん》というと一般《いっぱん》にはおめでたいことですが、同時に、「うまくやっていけるだろうか」「独身時代の自由が懐《なつ》かしい」などと思ったりもするのです。

ですから、「強気になれない」のは当たり前、と考えましょう。それとともに、不安だからといって、うまくいかないとはかぎらない、ということも知っておきましょう。新しいことを始める時期に特有の不安をおぼえることと、実際にうまくいくかどうかとは関係がないのです。**自分の今の心配は、変化のときには、それも特に大きな変化のときには、誰もが感じる気持ちなのだと知っておいてください。**

「自分はスポーツ一筋だったから、常識を知らない」と感じるかもしれませんが、そんなことはありません。スポーツにおけるチームも一つの「社会」なのですから、その中の人間関係にも、いわゆる「常識」はたくさんあります。あとは少しずつ、新しい職業の中の「常識」を知っていけばよいだけです。

自分の常識のなさが気になるのであれば、こんなときこそ、コミュニケーションには相手という味方がいる、ということを思い出しましょう。「今までスポーツ一筋だったので」と事情を話せば、いわゆる「常識」を知らないことは大した問題だと感じられず、むしろ、「イマドキの若者としては、根性がありそうだな」と好ましい目で見られる可能性のほうが高いと思います。何も事情を説明しないと、「まったく、イマドキの若者は常識も知らない」と正反対の目で見られてしまうこともありますので、事情を話してみることはとても役に立つものなのです。

大きな変化のときには、意識して「それでも変わらないもの」を持ち続けるよう心がけることも心を安定させます。どんな分野に就職しようと、体は資本です。それまでスポーツに専念してきた自分だからこそできる、日々のトレーニングプログラムを作って体力を維持《いじ》するのもよいでしょう。また、何をやっていようと、

「自分らしいところ」は必ず残るものです。それを見つけ、「何をやっていても自分は自分だ」と思うことができれば、ぐっと自信が感じられるでしょう。

大きな変化のときには、人に話を聴いてもらうのもよいことです。「グチグチ言わないで！」などとお説教をするタイプの人は避けて、「新しい世界に入っていくのは不安なものだよね」と、共感的に話を聴いてくれる人がいたら、話してみましょう。

第3章

友だち関係のモヤモヤ

10代というのは、親などの大人と距離をおいて、自分自身の価値観や人間関係を作っていく時期です。

そんなとき、とても重要なのが、友だちや先輩《せんぱい》といった、同世代の人たちとの関係です。10代は基本的に「群れる」時期と言えますが、仲間とつきあうことによって、その世代の人が知っておいたほうがよいことを学び、試行錯誤《しこうさくご》しながら対人関係を学んでいきます。人にはそれぞれの事情があるということ（原則3）を学びはじめるのも、基本的には10代に入ってからです。「群れる」ことでぐっと親しくなり、相手の事情がいろいろとわかってくるからです。

また、「群れる」ことは、歴史的にも若者が大人に反抗することを可能にしてきました。仲間と群れることによって、大人の圧力をはね返す勢いを持つことができるのです。

でも、ケータイ、SNS社会のこのごろは、群れることが大きなストレスになるケースも増えてきているようです。これまでなら、憧れの先輩を真似しながら自分らしさとは何かを模索《もさく》したり、友だちとつるんで大人に反抗したりしていたはずの同世代の友だち関係が、「浮《う》かないように」「ハブかれないように」と緊張する場になってしまっているのです。

最近の10代には反抗期が少なくなった、と言われますが、それはもしかしたら、親子関係よりも友だち関係のほうが危険で緊張する場になってきた結果なのかもしれません。

そんなストレスの多い友だち関係を、少しでも楽にして、自分らしい人づきあいのスタイルを身につけるためにはどうしたらよいか、この章で見ていきましょう。

LINE、Facebook……ストレスなのにやめられない

LINEで乗り遅《おく》れないように気をつかうのがストレスになっている。でも、やめると話題についていけなくなるから、絶対にやめられない。

人にはそれぞれの事情があります（原則3）。その「事情」の一つが、「その人にとって最も合ったペース」です。

あまり深く考えずに行動するタイプの人もいれば、自分が納得しながらでないと動けない人もいます。LINEやFacebookのようなSNSにしても、メッセージを次々に発信するのが合っている人もいれば、そのペースが苦手な人もいるのです。

ですから、SNSを使う際も自分のペースを守ることが、最もストレスをためないやり方です。しかし、10代は「群れる」時期ですし、特に最近のようなSNS時代には、友だちの話題に乗り遅れないでいられるか、というのがとても重要なことに感じられるでしょう。

でも、**自分のペースと違うことを無理してやるのは、自分を大切にしていないということなのです。**自分の土台を作る10代という時期には、自分に合ったペースを見つけて、それを大切にできるようになることが重要です。時には、はじけて友だちのペースに乗ってみるのも楽しい体験になるかもしれませんが、自分はどういうペースで生きていくのが最も合っているのか、ということを肌《はだ》で感じて身につけていくのが、10代の課題の一つだと言えます。

LINEで友だちのペースについていくのが苦しいと感じたら、「自分は天然で反応が遅《おそ》い」ということを自分のキャラにしてしまうのも一つの手です。

SNSのペースについてこられない人、あるいはメールの返事が遅い人がどうしてイヤがられるかと言うと、「自分たちのことをないがしろにしているのではないか」という被害者意識《ひがいしゃいしき》を抱《いだ》かれてしまう、というのも大きな原因です。大切なことであればどんなことにも優先してやるはず。それなのにそうしていないということは、自分たちのことが大切ではないからにちがいない、と思ってしまうのです。

「人にはそれぞれの事情がある」ということを学ぶのも、10代の課題の一つです。それがしっかりわかるようになれば大人になれるのですが、まだ成長の途中ですから、自分が熱中していることに対して相手がそれほど熱中していない（ように見える）と、疎外《そがい》されているとかバカにされているという被害者意識を感じてしまい、それがいじめのエネルギーになったりするのです。

そこで、「ついていきたいけれども、自分は天然で反応が遅いからできない」というキャラ設定をしてしまえば、意味合いが変わってきます。これは、自分のほうから、「自分には自分の事情がある」と話してしまう、ということです。

すると、自分がみんなのペースに乗り遅れがちなのは、「あなたたちが大切でないから」「あなたたちに関心がないから」ではなく、単に「自分は天然で反応が遅いから」ということをはっきりさせることができ、結果として相手に被害者意識を抱かれずにすむ効果があるはずです。

どんな場所でもできるだけ自分のペースを守るということは、社会に出てからも役立つ力です。情報から疎外されたくない。あるいは、集団の中で完全に浮いてしまうのは怖い。でもみんなのペースに振り回されたくない。そんな状況では、「私、天然だからなんかボーッとしちゃうんだよね。これでもがんばっているんだけど。抜《ぬ》けちゃっていることがあったら教えて」と言うことで、相手も安心するはずです。

悪口とどうつきあうか

LINEに友だちの悪口が書かれていて、なんでここまでひどいことを言うの？　と思うけれども、自分も乗らないと攻撃されるので怖くて無視できない。その人のことは別にイヤではなくて、本当は悪口を言いたくないのに。

人の悪口は、ネット上でも、現実の社会でも扱いが難しいものです。特に「群れる」ことが一つの特徴である10代には、できるだけ悪目立《わるめだ》ちしたくない、という気持ちがあるでしょう。一緒《いっしょ》に悪口を言うことで仲間意識を持とうとしている人たちにとって、それに乗ってこない人は、「一人だけいい子ぶっている」などと攻撃の対象になってしまうことも実際にあると思います。

自分は攻撃されたくない。でも、悪口も言いたくない。正直、なんでそこまでひどいことを言うのか、理解できない。そんな状況では、**できるだけ「透明《とうめい》人間」になる**ことがおすすめです。「透明人間」というのは、その場にはいるけれども、ほとんど違和感《いわかん》を覚えさせない存在、と言ってよいでしょう。

たとえば、悪口を言っている人に対して「悪口はよくないよ」などと言うと、ものすごい摩擦《まさつ》が生じてしまうはずです。まったくその話題に乗らない、というのも不自然でしょう。

もちろん一緒に悪口を言えばその場はとりつくろえるかもしれませんが、**悪口は、いずれ何らかの形で自分が責任を取らなければならなくなることが多いものです。**巡《めぐ》りめぐって相手の耳に入るかもしれませんし、悪口というのは、言えば言うほど、今度は自分が悪口を言われるのが怖くなってきて、自由にふるまえなくなったりするものなのです。

ここでも、役に立つのは原則2（怒っている人は「困っている人」）と原則5（決めつけられても決めつけない）。悪口は、ひどい決めつけであると同時に、聞いていて決して愉快なものではありません。ですから、悪口を言っている人のことは「困っている人」と見ることができますし、決めつけに対して決めつけない、ということは、それを「悪口」とはとらえない、ということです。実際に悪口を言っている本人は、「あの人の性格が悪くてみんなが迷惑《めいわく》をしている。だからなんとかしなければ」というような気持ちでいることも少なくないのです。

「困っている人」に対して何も決めつけない、というのは、たとえば、「大変だよねえ」「困るよねえ」などと、相手が不愉快な思いをしていることに対して共感的なことを言ってあげる、ということです。悪口の対象には触《ふ》れず、ただ、悪口を言っている人の「困っている気持ち」に共感してあげるだけでいいのです。

こうすれば、限りなく「透明人間」に近づけるでしょう。悪口を言っている人は、共感的なコメントをもらえれば、自分の気持ちを受けとめてもらえたと安心できます。同時に、こちらは無理に悪口を言わずにすむので、後ろめたい思いをしないでいることができます。

人と人とが関わったときにイヤな思いをしたりストレスをかかえこんだりするのは、よくあること。イヤな思いをした人をなぐさめてあげるのは、悪口とはまったく違うことです。

名前は書かれていないけれども、明らかに自分のことだとわかる悪口をＬＩＮＥで書かれた

これは、悪口を書いた人に対して、「大変だよねえ」という気持ちにはなかなかなれない状況ですね。何しろ悪口を言われているのは、自分自身らしいからです。

でも、よく考えてみれば、構造は先ほどのケースとまったく同じです。たとえ自分には非がないとしても、相手が自分との関係において何やらイヤな思いをした、ということだからです。

名前が書かれていない以上、何も反応する必要はありません。ここは本当の「透明人間」になるべきタイミングです。気づかないふりをして「大変だよね

え」などと書いてしまうと、「空気が読めないやつ」と、ますます相手をイライラさせてしまうでしょう。ですから、何もせず静かにしていましょう。

静かにしているといっても、心穏やかでいることはなかなか難しいでしょうね。そんなときは、原則2「怒っている人は困っている人」を思い出してください。ひどいことをする人というのは、単に「怒っている」だけでなく、生い立ちや現在の生活に、相当のストレスをかかえているはずなのです。**人を人として扱えない人は、自分自身が人として扱ってもらっていないのです。**たまったストレスや自信のなさが、このようなひどい行動として現れている、と考えれば、自分よりもずっと大変な思いをしている人なんだろうな、と見ることができるでしょう。

原則4（自信をなくしたときは「衝撃」をさがそう）でもお話ししましたが、そもそも、SNSをはじめ、目から入ってくるネットの情報は、最も衝撃的に感じられます。特にネットの場合、つないだだけで、予期しないものが突然《とつぜん》目に入ってきますので、より衝撃を受けやすいのです。

そんな場では、悪口（あるいははっきり悪口でなくても、そうとれるもの）は、直接言われた場合以上に強く突《つ》き刺《さ》さってきます。ですから、いくら相手を「自分よりもずっと大変な人なんだろうな」と思っても、ひどい衝撃を受けてしまうのは仕方のないことです。変に強がる必要もありません。相手に対しては直接反応しないで、もし他に心を許せる人がいたら打ち明けたりしながら、自分の衝撃が去るのをじっと待ちましょう。自分の中に「ダメなところ探し」をするのはやめましょう。自分に本当に改善したほうがよいところがあれば、もっとちゃんとした人（自分が信頼《しんらい》できる人）が指摘《してき》してくれるはずです。

悪口を書かれたとしても、「じゃあグループを抜ける」と簡単に言えないのがＬＩＮＥなどの難しいところ。ですから、透明人間になるのです。自分が興味のある話題には加わる。でも、人の悪口など、**加わりたくない話題のときには「大変だねえ」程度にして、できるだけ存在感を消す。**そんなふうに関わってみたらどうでしょうか。

LINE、メール……すぐに返事が来ないと気になる

LINEやメールで、返信が来ないとすごく不安になる。自分はすぐ返事をするのに。

「人にはそれぞれの事情がある」（原則3）ことを思い出しましょう。**自分には自分のペースがあるのと同じように、他の人には他の人のペースがあります。**自分はすぐに返事をしないと気がすまないタイプだとしても、ずぼらな人もいるでしょう。あるいは、普段はきちんとしていても、今日はたまたま特別な事情（体

調や用事など）があるのかもしれません。

相手がなぜ返信してこないのかというのは、後にならないとわからないことですし、後になってもわからないことも少なくありません。それはあくまでも「相手の領域」の話であって、「返事をくれない！　自分のことなどどうでもよいのではないか」などと決めつけないほうがよい性質のことです。

相手が自分をどう思っているかというのは、長い目で見て判断したほうがよいでしょう。誰でも、余裕があるときには人に優しくできるけれども、余裕がなくなると自分のことしか考えられなくなる、という傾向《けいこう》はありますよね。

ですから、自分には自分の事情や返信のペースがあるのと同じように、他人にはその人の事情や返信のペースがある、と考えてみるといいでしょう。

変に「自分のことなどどうでもよいのではないか」「嫌われているのではないか」などと考えこむと、自意識過剰《じいしきかじょう》になってしまいます。

常にすぐメールの返事をしている人の中にも、「別に自分だって好きでやって

いるわけではない」という人もいるでしょう。人からどう思われるかが怖くてすぐに返事をしているだけであって、本当はもっと自由にやりたいのだ、という人だっているはずです。そんな人は、82ページの「みんなのペースについていきたいけれども、自分は天然で反応が遅い」というキャラを立てるなどの方法も参考にしていただいて、少しでも自分にとって無理のないペースが保てるようになるとよいですね。

ペースが遅くても、必ず誠実に対応している、という姿勢さえ貫《つらぬ》いていけば、だんだんとまわりもわかってくれることが多いものです。

メールで友だちに縛《しば》られる

この日はバイトだからメール返せないよ、と事前に言っておいたのに、バンバンメールが来る。すぐ返さないと文句を言われたり、みんなに「あの子って面倒《めんどう》くさい」とか言われたりしてしまう。

文句を言ってくる人は、「困っている人」です（原則2）。人の話をあまり聞いていなかったり、つい忘れてしまったりした結果として、「メールしたのに返事が来なかった」と思いこんでいるところだけに注目すると、「困っている人」になります。自分がメールしたのに返事が来なかったからです。

文句を言ってくるというのは、「事前に言われた」という事実は覚えていないということ。その事実を認めずに、困っているのです。そういう人に対して、「事前に言ったでしょう」と言っても、ますます困らせるだけ。「全部あなたが悪いんでしょう。何を勝手に怒っているの?」と非難するようなものだからです。**自分の非を責められると、人はさらに困ってしまいます。**だから他の人を味方につけて、「あの子って面倒くさい」などと集団で攻撃して自分を守りたい心理が働いてしまうのでしょう(だからといって、やっていいことではありません)。

こんなときに、サラリと無難にかわすには、「ごめんね〜」という言葉が便利です。89ページの「陰で悪口を言われた場合」と同じ、と考えるとわかりやすいと思います。今回は、相手が直接自分の悪口を言っている、という状況です。この場合も、悪口そのものには反応しないで、ただ「相手が困っている」というところだけに共感してあげればよいのです。こんな場合の「ごめんね〜」は、自分が悪いと認めて謝《あやま》っている、という性質のものではありません。ただ、自分が一歩下がって、困っている相手をなだめてあげるようなものです。

このケースでは、「悪口そのものに反応する」というのは、「事前に言っておいたでしょう」と、どちらが正しいかを争うことです。すると相手は「そんなの聞いていない。それにメールくらいできるでしょ」などと言い返してきて、言い合いになるだけです。

でも、「相手の気持ちに共感する」ということであれば、相手の言うことが正しいかどうかは置いておいて、単に相手が「メールしたのに返事が来なかったので困っている」というところだけに注目してみます。この場合「大変だったね」ではあまりにも他人事《ひとごと》っぽく聞こえてしまいますから、「ごめんごめん、バイトだったんだ」「この前バイトだよって言ったつもりだったけど、わかりにくかったかもね。ごめん」という感じで言えばいいと思います。

人にはそれぞれの事情があって（原則3）、誰もが他人のスケジュールをちゃんと覚えていられるわけではないのです。ですから、「どちらが正しいか」は、裁判の場でもないかぎりはあまりとらわれないほうがよいことで、相手を「正しくない人」として見るのではなく「困っている人」として見たほうが、お互《たが》いに傷つかずにすみ、ずっと役に立ちます。

　自分に落ち度があったわけではないのに「ごめんね」と言うのは抵抗《ていこう》があるかもしれません。**でも、こんな「ごめんね」は、謝罪《しゃざい》というよりお見舞《みま》いの言葉なのだ、**と考えてみるとイメージが変わるでしょう。余裕のない相手に対して、思いやりを持って接してあげられるのは、大人ですね。

急ぎの用事だというのでメールを見たら、大したことのない内容だった。他にも、いろいろと縛られている感じがして疲れてしまう。

10代の友だち関係で悩ましいリストの上位に来るのが、「縛られること」。本当は一人で行動したくても「一緒だよね」と縛られる。毎日のように電話がかかってきて縛られる。また、この例のように、「すぐにメールを見て」と縛られる。いろいろな形で縛られることがストレスになっている、という人は少なくないのではないでしょうか。

縛られるのはイヤだけど、拒否《きょひ》してしまうと陰で何を言われるかわからない、いじめられるかもしれない、という怖さもありますよね。このあたりが、学校と家庭以外に生きる場所のない10代のたいへんなところです。

大人になれば、いろいろな人がいますし、会社や地域や習い事や学校時代の仲間など、いろいろな場で生きていくことができます。だから、面倒な友人と疎遠《そえん》になったとしても、他にもっと自然に仲よくできる人を見つけることができるのです。

束縛《そくばく》はされたくない。でも、悪く思われるのも困る。 こんな状況では、やはりある程度自分のスタイルを打ち出すのがよいでしょう。82ページでは「私、天然だから」という言い方をお話ししましたが、「私、こういうのマメじゃないんだよね。だから彼氏《かれし》できないのかな」「怠け者だから、家に帰るとゴロゴロしていてメールに気づかないんだ」と「自分のキャラのせい」でできないということを強調するのは、相手を刺激《しげき》しないですむので、よいやり方でしょう。

あるいは、「○○ちゃんって、本当にメールまめだよねえ。どうしたらそんなに几帳面《きちょうめん》になれるんだろう」などと相手をほめてしまう方法もあります。大人も子どもも、ほめられると嬉しい、というのは同じなので、**困ったときには相手をほめる**、というのはこれからもずっと通用するやり方でしょう。

第4章 大人や社会とのモヤモヤ

小さいころは大人の言うことを素直に聞いてきたけれど、最近抵抗を感じるようになってきた。大人の言っていることが、間違っていたり、矛《む》盾《じゅん》していたり、くだらなかったりするような気がする。エラそうな大人を見ると、むしょうに腹が立つ。

10代というのは、そんなふうに感じる時期です。「はじめに」でも書いたように、大人のもとで育ってきた子どもが、独立した別の大人になっていくのです。そのためには、大人の言うことに納得できないとき、自分の頭で考えたり、新しいことに挑戦《ちょうせん》して、失敗したり成功したりいろいろな体験をして試行錯誤する場所が必要。大人のことをイヤだと感じるのも、その「場所」を作るために必要なことなのです。

そうは言っても、イライラしているばかりでは、ストレスがたまる一方です。親に対してひどいことを言った後に、自己嫌悪におちいる人もいるでしょう。学校の先生やバイト先の大人などに対しても、ただイライラしているだけでは事態が改善しませんし、「これだから未熟な人間は」などと決めつけられるだけです。

　この章では、そんなモヤモヤを見ていきましょう。

親の口出しがうるさい

親がやたらに口出ししてくる。他の友だちなら許されていることでも、うちはダメ。何も信用してくれない。

親がうるさく口出ししてくることにはいろいろな理由がありますが、「どうしてうちの親はこうなんだろう」とイライラする前に思い出したいのが、第1章でお話しした原則2の「怒っている人は困っている人」です。なぜ困っているのかと言えば、思春期にありがちなのは、親の不安。子どもの自由が増し、独自の世界が広がっていくことは、もちろん健全なことなのですが、子どもの安全を心配する親にとっては不安になることでもあるのです。

「もしも何かの事件に巻きこまれたら……」「もしも悪い友だちができたら……」「もしも今の反抗的な態度のまま大人になって、社会で通用しない人間になってしまったら……」などと考え始めると、心配は尽《つ》きないのです。

つまり、一言で言えば、子どもが徐々《じょじょ》に大人になりつつあるのに、**親はいつまでも子どもとして見ているために、不安が強く、小さな子どもに対するような干《かん》渉《しょう》をしてしまっている、**ということになるでしょう。

そんなときに子どもが「うざい」などと反抗的な態度を取ったりすると、ますます親の不安を増やしてしまいます。「やっぱりこの子には何かよくない問題が起こっている」「きっと悪い友だちがいるのだろう」「こんな態度をとるなんて、社会に出たらどうなるのだろう」「外でもこんな態度をとっていたら、よい友だちができなくなるのではないか」などと心配になるのです。

親の口出しを減らし、子ども扱いをやめてもらうためには、自分はもう子どもではない、ということを態度で示していくのが一番です。いろいろとうるさく言われたら、「心配だろうけど、もう小さな子どもではないんだから、自分でいろいろと考えているよ」「そういうことはもうわかっているから大丈夫」などと穏やかに言ってみましょう。「何も信用してくれない」と怒っていると、そのような態度を取るのは難しいかもしれませんが、親のことを、大切な子どもの安全を心配している「困っている人」として見れば、少し安心させてあげよう、と思えるのではないでしょうか。

そうやって穏やかに言われると、大人は「案外頼《たの》もしい」「しっかりしてきた」「成長した」と感じるものです。少しは自分でやらせてみよう、と思いやすくなるでしょう。

これは原則2（怒っている人は「困っている人」）と原則5（決めつけられても決めつけない）の組み合わせですね。

親が受験のことばかり言う

親は口を開けば「勉強しなさい」と言う。受験で成功して「いい学校」に入ることが、人生の成功のスタート地点だそうだ。でも、いい学校に入ったって、経済が右肩上《みぎかたあ》がりで成長していた時代と違ってあまり希望はないし、他にいろいろ悩みもあるのに、親が勉強のことしか話さないのがストレス。

受験にうるさい親というのは、原則2（怒っている人は「困っている人」）の、相当「困っている」親です。自分自身が高学歴《こうがくれき》だから成功したと思っているのに、やる気を出さない子どもに困っているのかもしれませんし、逆に、自分自身が学歴のことで苦労したから子どもにはうまくやってほしいと願って困っているのかもしれません。いずれにしても、「学歴が人生を決める」という信念にとらわれて困っている親だと言えます。

いろいろな人生経験を積んで、「人生、何が起こるかわからないし、まわりの人と助け合って生きていけば何とかなる。一番大切なのは中身」と思ってどっしり構えている親であれば、むやみに子どもに受験のプレッシャーをかけたりはせず、子どもの将来のことをより大きな視野《しや》で見ようとすると思います。

前項でもお話ししたように、困っている親に対しては、「もう小さな子どもではないから、自分で判断したり責任を取ったりすることもできる」という姿勢を見せて安心させることが役に立ちます。

「受験のことは自分なりに考えているから、大丈夫」「言われなくてもできるだけ勉強しているから大丈夫だよ」のように言えば、親も少し安心するかもしれません。あるいは、「勉強しろと言われると、かえってプレッシャーになってやる気が出なくなってしまうから、しばらく言わないで」と頼んでみてもよいでしょう。**子どもがただイヤがったり怠けたりしているわけではなく、自分の置かれた立場をわかった上で自分の頭で考えようとしていることがわかれば、親も少しは頼もしさを感じるものです。**

困っている親は、「自分が受験でよい方向に導けなかったために、子どもが人生を台無しにしたらどうしよう」と不安に思っています。でも、受験は、親だけが責任を持つべきことではありません。大人になるというのは、自分の人生に責任を持てるようになることです。子どものほうから「この学校には興味もないし、無理に目指すと病気になってしまいそう」「ここは体験学習に行ったとき、理科の授業がすごくおもしろかったから、行ってみたい」「ここはサッカーが強いから行ってみたい」といった意見を言うことは、大人への一歩です。

親が「最高の人生」と思うものは子どもにとっては必ずしもそうではなく、子どもはいろいろな失敗も経験しながら、自分にとっての「最高の人生」を自分の力で作っていくものです。「なんとかして子どもを受験でいい学校に入れなければ」という思いこみを親が手放せば、子どもなりに将来に向けて努力や工夫をしている姿が見えてくると思います。

「最近の若い者は」という決めつけがイヤ

バイト先で仕事をちょっと間違えただけで「これだから最近の若い者は」と言われる。決めつけられるのも腹が立つし、ちゃんと教えてくれれば自分にもできるのに。

少しは言い分を聞いてくれそうな相手であれば、原則5（決めつけられても決めつけない）と原則6（「自分」を主語にして話す）の組み合わせでいきましょう。

相手は明らかにこちらを「これだから最近の若い者は」と決めつけてきていますが、こちらからは決めつけるのをやめます（原則5）。本当は「それは決めつけだ！」と言いたいところですが、そう言ってしまうと今度はこちらが決めつけることになってしまいますね。

その上で、「自分」を主語にして話してみましょう（原則6）。原則2「怒っている人は困っている人」も思い出しましょう。たしかに自分は腹が立っているのだけれど、それは自分が「困っている」ということ。どう困っているのかということをよく考えてみましょう。

決めつけられるのも困るし、「これだから最近の若い者は」とだけ言われても、どう改善すればよいかわからないですね。ですから、たとえば、まずは「すみません」と謝ってから、「うまくできるようになりたいので、こういうふうにやるとよい、というのを教えていただけませんか」と言ってみるといいでしょう。

相手が人の言い分を聞くタイプでない場合は、「困っている人」ととらえてみ

ましょう（原則2）。

「このやり方では困るから、こういうふうに直してください」と言わないで、ただ**「これだから最近の若い者は」と言ってくる相手は、困っている自分をうまく表現できない人。**「困っている自分をどうしたらいいかわからない、コミュニケーション力の低い人なんだな」と思うと、少し気の毒になりますね。

なお、どんな時代でも、「これだから最近の若い者は」と十把《じっぱ》一《ひと》からげにする大人はいますが、特に「ゆとり世代」に属する人は、「これだからゆとりは」ということを、もしかしたら一生（年下の人からさえ）言われ続けるかもしれません。そんなときは、「そう言われるとヘコむんですよね〜。ああ、ゆとり教育より前に生まれたかった」などと泣きを入れると、好きでその時代に生まれてきたわけではない、という気持ちを少しはわかってもらえるかもしれません。これも「自分」を主語にしたコミュニケーションですね。

子ども扱いする大人が嫌い

大人がすべて偉《えら》い、みたいな態度がムカつく。子ども扱いされるのがイヤ。大人が好きじゃない。

こちらの言い分に耳を貸そうともせず、「子どもは黙《だま》って大人の言うとおりにしていればいい」「人生経験もないのだから、ちゃんと判断することもできないくせに」というような態度をとる大人はよくいますね。そういう人にはどう接したらよいのでしょうか。

一方的に決めつけてくる人に対しては、決めつけないこと（原則5）、です。「ちゃんと判断できないくせに」と言われて、「勝手に決めつけるな」と言い返しても、決めつけ合いが延々と続くだけ。そんな低レベルの「決めつけ合戦」からはさっさと手を引きましょう。時間の無《む》駄《だ》です。

決めつけなければやっていけないほど余裕がなくなっている相手とは、違う態度を取ってみましょう。「人生経験もないくせに」と言われたら、「なるほど、お母さんはそういうふうに思うんだね」「そうか、そう思われますよねえ」などと冷静にうなずいてみてはどうでしょうか。**相手が言っている内容を肯定も否定もしないで、ただ受け止めてあげるだけでよいのです。**

「決めつけ合戦」は、綱《つな》引《ひ》きのようなもの。こちらが「勝手に決めつけるな」と綱を引くと、相手はますますエキサイトして「人生経験もないくせに」と引っ張り返します。でもこちらが「ああ、そう思うんですね」と綱から手を離《はな》すと、相手は綱引きを続けられなくなるのです。

たとえば、小さな子どもが、「ぼく、何でも知っているんだ」と胸を張ったら、「そうか、すごいね、何でも知っているんだね」と言ってあげるのではないでしょうか。もちろん自分のほうが知っていることは多いのだけれど、まあ子どもだからと思ってつきあってあげますよね。それと同じように対応すればよいのです。

余裕を持てる人は、余裕がない人よりも、明らかに大人です。「大人がすべて偉い」と決めつけてくる人に、「なるほど、そう思うんですね」と余裕を持って接することができるようになれば、あなたももう大人です。

両親の仲が悪い

両親の仲が悪く、いつも喧嘩《けんか》ばかりしているので、家の中で安心することができない。近々離婚《りこん》しそうな雰囲気もあって不安だし、落ちこんでしまう。

子どもにとって親はとても大切なもの。もちろんどんな親にも欠点はありますが、「親なんて嫌いだ」と思っている子どもでも、他人に親の悪口を言われるのはイヤ、という場合が多いと思います。

そのように大切な親同士が不仲だというのは、子どもにとって大変なストレスをもたらします。「母親のほうが、まだまし」「父親のほうが好き」など、どちらかの親により親しみを感じる人は多いですが、ではもう一方の親のことなどどうでもよいのかというと、そんなこともないのです。そのくらいデリケートなのが、親子関係です。

親の不仲は子どもの精神状態を不安定にするのですが、子どもはとても心優しい存在なので、自分なりのやり方で親を守ろうとします。親が仲よくなるように、あるいは「弱いほう」の親を守ろうと、いろいろと工夫したりするのです。ですから、不仲な親のもとで育つ子どもは、さまざまなストレスを受けたり、「親の親」みたいな役割を引き受けたりすることにもなります。

両親の離婚もまた、とても大きな変化を子どもの生活にもたらします。学校や名字が変わったり、きょうだいと別れたり引っ越したりと、生活スタイルや経済レベルがまったく変わったりします。また、まわりが見る目も変わるでしょう。

ただし、離婚とそれに伴《ともな》うさまざまな変化は、だいたい半年から一年で乗り越《こ》えるのが可能だということは、いろいろな研究からわかっています。

でも、親同士が離婚後も悪口を言い合っているような状況だと、子どもへの悪影響も続くということが知られています。それぞれ欠点はあっても、どちらも自分の親なのですから、お互いがののしり合うのを見たくないというのは、子どもなら当たり前の気持ちでしょう。最悪なのは、「自分さえ生まれていなければ、この人たちはいつまでもののしり合っていないで自由になることもできたのに」などと自分を責めてしまうことです。

難しいかもしれませんが、もしも言える状況であれば、「お父さん（お母さん）の悪口は聞きたくない」と言ってみてください。自分の気持ちを伝えるだけでも、ずいぶん自分の心を守ることができるでしょうし、親もハッとするかもしれません。親は、「子どものために」と思って相手をののしっている場合も多いからです。

10代であれば、もっと注目してよい点があります。それは「第三者」です。小さい子どもは、他の人に相談するなど思いつきもしないでしょう。自分の家のような家庭が普通だと思っているからです。でも、10代になって、いろいろな家庭の事情を知ることで、自分の家庭の位置づけを知ることができます。また、10代が「親の価値観や人間関係とは距離をとって、自分なりの価値観や人間関係を作る」時期であることを考えても、親は以前ほど絶対的な存在ではなくなっているでしょう。

親には親の人生があります。ある時点で相性がよかった二人が、それぞれの人生経験を積み重ねる中で、相性が悪くなってしまったり、別の人生を選びたくなったりすることだってあるでしょう。

そういうことがわかってくる10代は、両親を仲よくさせることに一生懸命《けんめい》になるよりも、自分がどんな人生を歩みたいかを考えながら、それぞれの親との関係を作り直す時期だと言えます。

自分の悩みをただかかえこんでいては、イヤなことを忘れようとしてスマホ

（スマートフォン）やゲームにばかり時間を使ったり、友だちのちょっとした一言にムカついてLINEで攻撃してしまったりと、別の形でストレスを発散させることになりがちです。それよりも、信頼できる大人を見つけて両親のことを相談してみるといいでしょう。「信頼できる大人」というのは、一緒にいると安心する人。一方的に決めつけたりしないで、子どもの事情をよく理解しようとしてくれる人です。先生でも親せきのおばさんでも、どんな立場の人でもかまわないと思います。

親以外の人に相談できるようになったり、親を客観的に見られるようになったりすることは、10代の大切な課題でもあります。いつまでたっても相談相手が親しかいないというのでは、大人とは言えないからです。

第5章

いろいろな問題をかかえている人へ

誰にでもある「思春期のモヤモヤ」を超《こ》えて、もっと深刻《しんこく》な事態になってしまっている人もいます。

難しい問題に巻きこまれている人、モヤモヤが高《こう》じて心の病気になったり、自分や他人を深刻に傷つけるような行為《こうい》がやめられなくなったりしている人もいるでしょう。

それぞれのテーマについては、専門家の書いた他の本でもっと詳《くわ》しく見てもらいたいと思いますが、ここでは、難しい問題に直面したときは「こんなふうに考えると心が折れにくい」という心の習慣をお話ししていきます。

心の病気

10代でも、うつ病や摂食障《せっしょくしょう》がい（拒食症や過食症《かしょくしょう》など）といった心の病気になることがあります。

ここでは、それぞれの病気について詳しく触れることはできませんが、病気になるということをどうとらえたらよいかについて、考え方をお伝えしておきます。

原則1で、ネガティブな感情にも役割があるとお話ししましたが、病気も同じように考えることができます。病気はたしかに苦しいものですが、**病気になることにも、やはり意味（役割）があります。それは、「生き方を変えたほうがいい」という、体からのメッセージです。**自分にストレスを与えたり自分を疲れさせたりするそれまでの生き方から、もっと自分を大切にする生き方に変える必要があるということを知らせてくれるのが、病気であるとも言えます。

病気になると、絶望的な気持ちになったり、自分を恥ずかしく思ったり、「どうしてこんなことになったのだろう」と運命を呪《のろ》ったりしがちです。それは無理もないことですが、「病気になったときは生き方を変えるとき」ということだけは、よく覚えておいてください。それまで、**「人にどう思われるだろうか」ということを一番に考えて生きてきたような人は、「自分がどう思うか」を今までより大切にするようにしていくと、病気からも回復しやすくなります。**

心の病気にかぎらず、一般に、病気になるということは、病気の性質がどういうものであろうと、「自分をもっと大切にしよう」という体からのメッセージであることがほとんどです。生まれつき何かの病気になりやすい体質だったとしても、その病気とうまくつきあいながら生きていけるように、自分をもっと大切にするという選択肢《せんたくし》があるということは忘れないでいただきたいと思います。

いじめ

いま現在、誰かにいじめられている人は、信頼できる大人に話してみるのが、解決への第一歩です。その際、「いじめられたらやり返せ」とか「いじめられるほうにも問題があるのでは」と言ったり、「学校に言って絶対に頭を下げさせてやる」などと怒りにまかせて行動したりしそうな人は、相談するのには向いていない人です。いじめられている人の気持ちを一番に考えてくれる人を探してみてください。

怒りにまかせて行動されてしまうと、いじめられた本人が望んでもいない「解決法」が決められてしまったり、いじめがさらにエスカレートしたりしかねないので、冷静に対処していく必要があるからです。いじめには、きちんとした作戦を立てて臨《のぞ》む必要があるのです。

いじめそのものは自分だけで解決できないことも多いですが、ここでは、いじめによって傷ついた自分の心をどうケアすればよいか、ということをお話ししたいと思います。多くの人が、いじめを機に、「人が怖い」、「人目が気になる」という状態に陥《おちい》ってしまうからです。

現実には、ほとんどのいじめは、いじめる側に問題があって、いじめられる側に理由があるわけではありません。しかし、いじめられた側は、「自分はなぜいじめられたのか」の答えを探し続けます。それは、いじめは、原則4（自信をなくしたときは「衝撃」をさがそう）でお話しした「衝撃」の中でも、特に深刻なダメージを与えるものだからです。「これ以上傷つけられたくない」という状態になっている心は、「自分のどこがいけなかったのか」「なぜいじめられたのか」「自分のどこが人と違うのか」を徹底的《てっていてき》に考えてしまうものです。でも、どんなに考えても、答えはわからないことがほとんどです。ですから、これらの疑問はそのまま、「自分はきっとどこか足りない存在なのだ」「自分はきっと人を不快にする人間なのだ」「自分はきっと生まれてくる価値がなかったのだ」などという感覚として、自分の中にすみ着いてしまうのです。そうでなければ、あんなにひどいいじめなど受けるわけがない、と考えるからです。

自分についてそのような感覚を持ってしまうと、その後も長期にわたって、人が怖いとか、自分は何をしてもどうせダメだとか、自分のことなど誰も信じてくれないだろうと感じて、人生に絶望したりしてしまいます。特に、子ども時代から思春期という人格が形成される時期にいじめを受けることで、「人から嫌われる、ダメな自分」「人間扱いしてもらえない、ダメな自分」という感覚がすりこまれてしまうことが多いのです。

いじめは、もっぱらいじめる側の「そのときの気分」によるものであり、人間として絶対にやってはならないことであり、自分に原因があるわけではないのだということと、「いじめる側」の問題であることを知っておくことは、いじめそのものに対処することと以上に大事なことです。**いじめはいじめる側の心が病んでいるから起こる現象であって、いじめられる側に問題があるわけではない、**ということを徹底的に理解することが必要なのです。

「そうは言われても、やはり自分は空気が読めないからいじめられたのではないか？」と思ってしまう人は、では自分は空気が読めないというだけの理由で人をいじめるか、と考えてみてください。少しイライラしたりすることはあるかもしれないけれども、ひどいいじめなどしないでしょう。逆に「なんだか本人も大変そうだな」と同情するかもしれません。

「自分は○○されても仕方なかったのではないか」と思ったときは、立場をひっくり返してみると、その考え方がおかしいということがわかるはずです。

親が心の問題をかかえている

親が、うつ病やアルコール依存症といった心の問題をかかえている場合、子どもが「こういう親でいてほしい」と思うような親になることは、当然難しくなります。親としてふさわしくないような行動をとったり、子どもを心配させたり傷つけたりしてしまうこともあるでしょう。病気なので、改善したいと思ったとしても自力では改善できないのです。ですから、まずは親がちゃんと治療を受けることが重要です。親が治療を受け始めれば、子どもが困っていることについても親の主治医に相談することができるようになりますし、必要であれば、子どももカウンセリングを受けたりすることができるでしょう。

でも実際には親はなかなか病気であることを認めず、治療を受けてくれないことが多いかもしれません。

親の問題の結果として子どものほうも心を病んでしまい、子どもが治療を受け始めて、ようやく親も自分の病気に気づくというケースも少なくありません。

自分の病気は認めたくなくても、子どもが病気になると心配する、という親は案外多いものです。ですから、親の問題で自分が落ちこみ気味だとか、いつも不安や緊張をかかえているとか、勉強や部活に集中できない、というようなことがあれば、自分でもスクールカウンセラーなどに相談してみましょう。

そもそも、大人に「あなたは病気ですよ」と伝えて、治療を受けることが必要だと説得するのは、専門家にとっても難しいことがあります。その役割を子どもが果たすというのは、無理なことも多いでしょう。ですから、子どもとしてできることは、自分の家には問題があるということを誰かに相談するところまでです。そこから先は、大人や専門家の役割だと思います。

自分の親に問題があるようなことを第三者に打ち明けるのは、親に悪いと思う

人も多いでしょう。実際、親は「余計なことをしてくれた」と怒るかもしれません。でも、病気などの問題をかかえている人は、誰よりも困っている人。本当はきちんとした援助《えんじょ》が必要なのに、そのことを認められずにいるために、ずっと困ったままの状態になっているのです。ですから、子どもが第三者に相談することは、その行《い》き詰《づ》まり状態を改善することになり、親にとっても必ずプラスになります。

専門家が治療したとしても、病気がすぐに治るとはかぎりません。親はこれからもずっとその病気や問題をかかえていくことになるかもしれません。でも、それを家庭の中だけでかかえこんでいると、いつまでも親離《おやばな》れ・子離れができない、ということにもつながってしまいます。**親の具合が悪くなると面倒を見るのはいつも子ども、というのが当たり前になってしまうと、大人になってからも親に振り回されることにもなりがちです。**親を見捨てるということではなく、親には親を支えてくれる人たちがいて、自分は自分の人生を送りながら時々親とも交流する、というのが健全な形なのです。

10代は、それまでとは違って、家庭の問題を第三者に相談するということが課題になる年ごろ。これまで精神科医として多くの家庭を見てきて感じるのは、そうやって問題をオープンにしていくことが、結果として親のことも救うということです。

虐待

親からの虐待は、10代になるとそれまでとは様子が変わってきます。小さいころは体力の差が大きいので、暴力的な虐待が多いですし、ネグレクト（育児放棄《いくじほうき》）をされて命が脅《おびや》かされることさえあります。

でも10代になると、性別にもよりますが、暴力では子どもに言うことを聞かせることができないどころか、体格によっては自分が逆にやられてしまう、という親も出てくるために、虐待はより精神的なものになったり、脅《おど》しの形を取ったりするようになります。思春期に入ることで、性的な虐待も起こるでしょう。

いずれにしても、本来は子どもが大人になる過程を支えるべき10代に、親が子どもを自分の思いどおりに支配しようとする、という構造は問題です。

ここではっきりさせておきたいのは、「しつけ」と「虐待」には大きな違いがあるということです。10代も後半になるころには、自分は虐待を受けているのではないかと気づきはじめる人が多いですが、それまでは虐待する親のことを「うちの親は厳しい」という程度にしかとらえていない人も多いからです。

「しつけ」というのは、子どもが「これはよいこと、これは悪いこと」とわかるように行われるもの。それは家族以外の人と関わるときにもそのまま生かせるものです。たとえば、人からものをいただいたらお礼を言う、というような習慣は、相手が親だろうと他人であろうと、どこでも通じるものですから、それを教えるのは「しつけ」です。

でも、**「虐待」は、親の機嫌《きげん》次第で行われるので、子どもから見たときに何がよくて何が悪いかの基準がわかりません。**親の機嫌がよければ大丈夫な場合もあるけれども、油断していると突然めちゃくちゃに怒られたり暴力をふるわれたりするから親の顔色を読まなければならない、というものも虐待です。

「親は自分に何を教えようとしているのか。そして、教え方として、これは妥当《だとう》なものだろうか」と考えてみれば、時によって言うことが矛盾していたり、教えるというよりも単なるやつあたりだったり、といったことがわかるはずです。

10代に非行に走る人の多くが、そんな家庭で育ったことがわかっています。家で大切にされてこなかった人が、自分を大切にできないのも当然と言えば当然です。今は虐待については、「どこにでも起こりうるもの」と広く知られるようになりましたし、相談できる機関も充実してきています。手近なところでは、スクールカウンセラーや養護（保健室）の先生に相談するのがよいでしょう。その際、「勇気を出して打ち明けることなので、秘密を守ってくれますか」ということは最初に確認してください。親にすぐ確認を取られたりしては困るからです。そういう意味では、児童相談所はちゃんと秘密を守って、親子の両方にとってどうすることがよいかを考えてくれる専門機関です。どうしたらよいかわからないときは、「チャイルドライン」（18歳までの子どものための相談ダイヤル）などに電話してみましょう。警察も、以前に比べれば「親が子どもを叱るのは当たり前」ではなく「虐待は違法だ」という知識が普及《ふきゅう》してきています。でも、よほどのことがないかぎり、警察に通報するのはちょっとハードルが高いかもしれませんね。

親に虐待されているということを他人に伝えるのは、恥ずかしいとか、親に悪いと感じたりするかもしれません。

しかし、最近海外では、イギリスなどを中心に、「虐待」という言葉を使わずに、「助けを必要としている」という表現を使うようになってきています。つまり、親は、子どもが憎《にく》くてひどいことをしているのではなく、子育てをしていく上で親自身が助けを必要としている状態なので、子育てがうまくできていない、という見方をするのです。そうやって見てみると、原則２（怒っている人は「困っている人」）の最たる形が虐待であると言えますね。

虐待する親を「助けを必要としている」人と見ることは、子どもの安全で健康な成長を支えるだけでなく、親のことも支援《しえん》していこうという考え方ですから、**自分の家の問題を公にすることは、結果として親にとってもプラスになる**のだと知っておいてください。親が病気の場合と同じことです。自分が安全を確保し、健康に育っていくことは、親孝行にもつながる、ということはしっかりと覚えておいてください。

不登校

不登校は、昔は「登校拒否」と言われていて、何やら固い意志を持って学校を拒否しているかのように語られていました。

今では、不登校の本質は、「拒否」などではなく、「学校が怖い」「友だちが怖い」という「恐怖《きょうふ》」にある、ということがかなり明らかになっていると思います。ですから、中立的な「不登校」という言葉が使われているのです。

不登校の子のためには、公立の適応指導教室などがあって、それなりに役割を果たしています。不登校になる子の背景には、虐待やいじめなどによって人が怖くなった、などという事情があるので、適応指導教室のように、少人数の静かな場所でそれぞれの子に合った形で勉強に取り組めて、心の問題に理解がある共感的な先生にも出会えるのは、よい環境だと言えます。

ただ、どういう形で10代を過ごすにしても、知っておいていただきたいことがあります。

私がアメリカに住んでいたころよく聞いた言葉に、

Every child learns differently.（一人ひとりの子どもが、それぞれの学び方をする）

という名言があります。通常の学校が合う人もいれば、適応指導教室が合う子もいます。アメリカでは公的に認められていますが、「ホームスクーリング（家庭で親が教えること）」が合う人もいます。不登校の子ども用の塾《じゅく》に行って、高卒認定試験（高等学校卒業程度認定試験）に合格する人もいます。

日本では、「登校できない」ということが問題視されますが、アメリカでは、「その子に合った教育が提供できていない」という見方をします。学校に行けない子どもの問題ではなく、その子に合った教育を提供できない社会の問題として見るのです。

ですから、**もし学校に行かれないとしても、それは今の学校のスタイルが自分に合っていないだけ**、と知っておいてください。かつていじめられて以来ずっと人が怖いというのであれば、その心の傷を癒《い》やしていくことが必要です。そんな癒やしを与えてくれる教育を求めてよいのです。

「まだ学校に行かれない」と考えるのではなく、「まだ自分に合ったスタイルの学校が見つからない」と考えてもよいでしょう。

小学校高学年から中学くらいは、もっともいじめも多く、友だちからの束縛も強い、「みんなに合わせることができないと、居場所がなくなってしまう」時期です。仮にその時期に学校に行かれなくても、どこかでまた同年代の仲間と合流できるように、自宅で勉強をしておいてもよいと思います。

かつて不登校だったけれども今は登校している人がクラスにいたら、「かつて不登校だった」というところを見るのではなく、「ある日勇気を出して登校した」というところを見てあげてください。そうやって、「できなかったこと」「できないこと」よりも「できていること」「できるようになったこと」に注目することも、自分を大切に生きていくためには必要です。

リストカット（リスカ）

リストカット（自分の手首などを切る行為）は、原則4（自信をなくしたときは「衝撃」をさがそう）の「衝撃」ととても関連の深いテーマです。

多くの人が、何かからひどい衝撃（ショック）を受けて、あまりの苦しさに耐えられず、リストカットをします。死にたくて切る人もいないわけではありませんが、**多くの人は、むしろ「何とか生き延びるために」リストカットをしています。**

どういうことかと言うと、精神的に追《お》い詰《つ》められているときにリストカットをすると、少しだけ気分が楽になることがあるのです。これは「解離《かいり》」と呼ばれる現象なのですが、あまりに苦しいときにリストカットをすると、意識がちょっとはずれたような感じになるのです。緊張しきった心が少し緩《ゆる》むという感じと言ったらわかりやすいでしょうか。このタイプの人は、リストカットによる痛みを感じないことが多いようです。

逆のパターンの人もいて、あまりにも苦しいとき、自動的に「解離」が起こってしまい、自分が生きているのか死んでいるのかわからない、という不思議な精神状態になって、リストカットをして痛みを感じたり赤い血を見たりすることで「生きている」と確認できて安心する、というケースもあります。

また、衝撃を受けた結果「自分はダメな人間だ」という気持ちが強まると、とにかく自分を傷つけずにはいられないから切る、という人もいます。

いろいろなタイプの人がいますが、ほとんどのケースが「衝撃」に関連していると言ってよいと思います。リストカットをする人の多くに、虐待された経験やいじめられた経験があります。現在も続いているわけでなくても、何かをきっかけに「衝撃」を受けると、「自分はダメな人間だ」という心の傷が強く刺激されることが多いのです。きっかけは誰かの一言であったり、似たような状況であったり、さまざまです。別のことを考えているうちに、辛い過去が思い出されて苦しくなるということもあります。

リストカットから抜け出すためには、自分は何かから衝撃を受けたのだ、と自覚することが出発点になります。リストカットという「結果」にばかり目を奪《うば》われていると、やめさせようとする周囲の人たちに隠《かく》れてでも続けてしまう自分、と人間関係も悪化して、本当の原因について一緒に考えることができなくなってしまいます。

リストカットする自分を「気持ち悪い」と思うのではなく、「何から衝撃を受けたのだろう」と落ちついて考えられるようになると、人間的にも成長したということです。

だいたいの人が、もともと「自分はダメな人間だ」という意識を持っていて、それを思い出させるような事態に直面すると、衝撃を受けてリストカットをして

しまう、という経過をとるようです。それは、誰かに直接何かを言われた、というような場合だけでなく、他人の活躍を見て衝撃を受けた、というようなケースもあります。

ネット経由で入ってくる情報からは衝撃を受けやすいということを37ページでお話ししましたが、たとえば昔の友だちのFacebookを見たら、とても充実した毎日を送っている様子がつづられていて、衝撃を受けてリストカットしてしまった、などということも少なくないのです。

衝撃を受けてしまったときにはまず、「ああ、これが例の『衝撃』なんだな」と気づいて、衝動的に何かをしたり決めたりせず、できるだけいつも通りの日常生活を送って、自分の中の嵐《あらし》が過ぎ去るのを待つ、「横の比較」ではなく「縦の比較」をする（51ページ参照）、という習慣をつけていきたいですね。

空気が読めない

自分は空気を読むのが苦手、人の気持ちがよくわからない、手の抜き方がわからなくていつも疲れ切ってしまう、不適切《ふてきせつ》な発言をしてしまうのではないかと思っていつも緊張している、いろいろなことへのこだわりや不安が強い、急な予定変更《へんこう》にパニックになってしまう、などという人がいたら、その人は「非定型発達《ひていけいはったつ》」なのかもしれません。

世の中には「定型発達」と「非定型発達」の人がいます。「定型発達」のほうが多数派なので、少数派が「非定型発達」と呼ばれています。「非定型発達」は、いわゆる「発達障がい」として知られていますが、社会生活にそれほど支障を来《きた》さないのであれば、個性の一つとみなすことができます。

「非定型発達」にはいくつかのタイプがあるのですが、先ほど例を挙げたような、**対人関係面で生きづらさをかかえて疲れてしまう、というタイプの人はかなり多く存在しています。**

冒頭《ぼうとう》に挙げたような特徴の他、人の話を文字通りに受け取る（冗談《じょうだん》がわからない、イヤミに気づかない、本音と建《た》て前《まえ》の区別がつかない、など）という特徴を持つ人も多いですし、いちど身についた習慣はなかなか変えられない、という人も多いです。

「定型発達」か「非定型発達」か、というのは、脳の構造で決まっています。「非定型」を治療して「定型」にする、などということは、少なくとも現在の医学では不可能です。

「非定型発達」の方に知っておいていただきたいのは、どちらが優れているとか劣っているということはなく、この社会が多数派である「定型」の人たちのためにできているので、「非定型」の人にとっては生きづらい面が多い、ということです。「定型」の人たちの社会では、場の空気や相手の顔色を読んだり、言葉の裏の意味を読んだり、などということが普通に行われているのです。

社会に適応するのが難しいと、「発達障がい」と呼ばれることになります。でもこれも、「この社会」が「定型発達」の人向けにできているためなので、「自分には障がいがある」と落ちこむ必要はありません。

そうは言っても、日々、この社会で生きていかなければならないことも事実なので、できるだけうまく適応できるように、親と相談してサポートしてくれる人を見つけたり、トレーニングを受けたりできるとよいでしょう。周囲の人と適応がうまくできない状態が続くと、うつ病などになることも少なくありません。もちろん、どこでトレーニングを受けられるかはわからないでしょうから、まずはスクールカウンセラーなどに相談してみるとよいと思います。小児科医も力になってくれますから、最初に訪ねてみる先としてはよいと思います。

逆に、「定型発達」の方に知っておいていただきたいのは、世の中には、「非定型」の人が一定の割合いて、「どうしてこんなひどいことを言うのだろう」と思う人が、実は「非定型」のために自分の発言がどう受け取られるかわかっていない場合もある、ということです。つまり、本人には、ひどいことを言いたいという気持ちなどまったくないことも多いのです。

とは言え、定型発達の人が非定型発達の人と一緒に働いたり、恋愛《れんあい》関係になったり、結婚したりすることになると、いろいろと苦労が多くなりますので、非定型（発達障がい）の人について書かれた本などをぜひ参照していただきたいと思います。それぞれの常識や、情報を処理する方法、思考のパターンがずいぶん違うのです。これも原則3（人にはそれぞれの事情がある）でお話しした「それぞれの事情」の一つなのですが、「事情があるのだな」と思うだけでなく、「うちの彼氏に顔色を読んでもらうのは無理」など、関係性の限界を理解し受け入れつつ、伸《の》ばせるところは伸ばしていくという努力が必要です。

著者紹介

水島広子（みずしま・ひろこ）

一九六八年東京生まれ。慶應義塾大学医学部卒、同大学院修了（医学博士）。現在、対人関係療法専門クリニック院長、慶應義塾大学医学部非常勤講師（精神神経科）、アティテューディナル・ヒーリング・ジャパン（ＡＨＪ）代表。摂食障がいをはじめとする思春期前後の問題や家族の病理が専門。二〇〇〇年六月〜二〇〇五年八月、衆議院議員として児童虐待防止法の抜本改正などに取り組む。うつ病や摂食障がいなどへの治療効果が実証されている「対人関係療法」の日本における第一人者。国際対人関係療法学会理事。

主な著書に、

『「毒親」の正体　精神科医の診察室から』（新潮社）、

『「他人の目」が気になる人へ　自分らしくのびのび生きるヒント』（光文社）、

『怖れを手放す　アティテューディナル・ヒーリング入門ワーク・ショップ』（星和書店）、

『思春期の意味に向き合う　成長を支える治療や支援のために』（岩崎学術出版社）、

『トラウマの現実に向き合う　ジャッジメントを手放すということ』、

『対人関係療法でなおす　気分変調性障害』（以上、創元社）、

『「怒り」がスーッと消える本』、

『小さなことに左右されない「本当の自信」を手に入れる9つのステップ』、

『自己肯定感、持っていますか？　あなたの世界をガラリと変える、たったひとつの方法』、

『身近な人の「攻撃」がスーッとなくなる本』（以上、大和出版）、

『プレッシャーに負けない方法「できるだけ完璧主義」のすすめ』（さくら舎）、

『精神科医がみつけた運のいい人、悪い人の心の習慣』（海竜社）、

『「ドロドロした嫉妬」がスーッと消える本』（ＫＫベストセラーズ）、

『女子の人間関係』（サンクチュアリ出版）、

『拒食症・過食症を対人関係療法で治す』、

『10代の子をもつ親が知っておきたいこと　思春期の心と向きあう』（以上、紀伊國屋書店）など。

水島広子ホームページ　http://www.hirokom.org/

10代のうちに知っておきたい
折れない心の作り方

二〇一四年 七月 八日 第 一刷発行
二〇一九年 一月一七日 第一七刷発行

著者 水島広子

発行所 株式会社 紀伊國屋書店
東京都新宿区新宿三－一七－七
出版部(編集)
電話:〇三(六九一〇)〇五〇八
ホールセール部(営業)
電話:〇三(六九一〇)〇五一九
〒一五三－八五〇四
東京都目黒区下目黒三－七－一〇

印刷・製本 図書印刷

ISBN 978-4-314-01118-1 C0011
Printed in Japan
定価は外装に表示してあります

紀伊國屋書店

拒食症・過食症を対人関係療法で治す
水島広子
「摂食障害になるのは母親のせい？」「わがまま病？」多くの誤解と偏見を正し、欧米で標準的な治療法である「対人関係療法」を紹介。
四六判・並製／288頁・本体価格1600円

10代の子をもつ親が知っておきたいこと
思春期の心と向きあう
水島広子
思春期前後の心の病を専門とする人気精神科医が教える、「自尊心」と「コミュニケーション力」の高い子どもの育て方。
四六判・並製／240頁・本体価格1300円

自己評価の心理学
なぜあの人は自分に自信があるのか
C・アンドレ＆F・ルロール
高野優訳
うまくいっている人にはワケがある！ 積極的な行動を支え、人生の糧となる〈自己評価〉という視点からの新しい人間理解。
四六判／388頁・本体価格2200円

自己評価メソッド
自分とうまくつきあうための心理学
クリストフ・アンドレ
高野優訳
落ち込んだり優越感にひたったり。人と自分を比べて揺らぐ自己評価。恋愛・子育て・友人・仕事―すべての人間関係に効く33の処方箋
四六判／388頁・本体価格2200円

他人がこわい
あがり症・内気・社会恐怖の心理学
C・アンドレ＆P・レジュロン
高野優監訳、野田嘉秀、田中裕子訳
人前で話ができない、初対面が苦手、赤面するのが怖い……精神科医のコンビが心のメカニズムから克服法までやさしく解説する。
四六判／344頁・本体価格2200円

感情力
自分をコントロールできる人できない人
F・ルロール＆C・アンドレ
高野優訳
精神科医のコンビが、感情のメカニズムを平易に解説。〈感情力〉を高め、自分自身とうまく折り合いをつける方法を具体的にアドバイス。
四六判／376頁・本体価格2200円